grenouilles

EMMANUELLE CABROL

ILLUSTRATIONS DE
PHILIPPE DIEMUNSCH

Chapitre 1

Le prince Gabriel avait la vie belle.
On était aux petits soins pour lui !
Ses journées étaient bien remplies.
Il galopait à travers champs ou
se promenait le long des étangs.
Il rapportait des petites bêtes
qu'il mettait dans des cages ou
des bocaux. Puis il les posait
sur le guéridon du salon.
Il en avait toute une collection !

Lorsqu'il y avait fête au château,
il s'empiffrait de gâteaux.

Enfin, il avait un passe-temps favori :
choisir un bon livre et aller au lit.

Mais le roi et la reine n'étaient pas contents.

– Il est temps que le prince nous donne des petits-enfants ! rouspétait le roi.

– Il est temps que le prince se marie ! grognait la reine. Que je porte mes rubis !

Seulement, le prince Gabriel avait la vie belle et n'était pas pressé de se marier.

Alors le roi eut
une idée géniale.

– Vite, dit-il à la reine, c'est bientôt le jour de la galette ! Envoyez des invitations aux plus jolies princesses.

La reine se mit aussitôt à écrire.

– Vite, dit le roi à son pâtissier.
Préparez une immense galette des Rois,
avec une centaine de parts !
Mais surtout…
Il lui chuchota quelques mots
à l'oreille et ajouta à voix haute :

– Motus et bouche
cousue, et ni vu
ni connu !

Sans dire un mot, le pâtissier prépara
l'énorme gâteau.

Chapitre 2

Toutes les princesses répondirent à l'appel. Le jour de la galette, en plus du roi et de la reine, il y avait la fée Célimène et quatre-vingt-dix-neuf princesses à marier. Gabriel fut un peu étonné mais, surtout, pas très content qu'il y ait tant d'invitées.

Lui, le roi des gourmands, ne pensait qu'à la galette qu'il allait manger sur-le-champ. Mais il fallait la partager avec toutes les invitées ! Lui restait-il une chance de tomber sur la fève ?… Autant rêver !

Résigné, il avala sa part d'une bouchée… et se mit à tousser, à hoqueter…

– Incroyable ! dit le prince en reprenant son souffle. J'ai la fève ! Quel hasard extraordinaire !

– Oui, c'est un hasard extraordinaire, dit le roi, avec un drôle de sourire. Mais tu dois te plier à la coutume…

– Quelle coutume ? demanda le prince Gabriel d'un air méfiant.

– Tu dois choisir une reine, tout simplement ! dit le roi en riant.

Gabriel se mit en colère :

– Ah non ! Je suis un prince célibataire !

Le roi se mit alors à crier plus fort :

– Tu as eu la fève, tu dois choisir une reine, c'est ainsi !

– Puisque c'est ainsi, dit le prince, voici la reine que je choisis.

Et il saisit un bocal sur le guéridon du salon. À l'intérieur, une pauvre grenouille s'ennuyait à mourir.

La grenouille fut bien étonnée
de se retrouver couronnée
et applaudie par toute l'assemblée.

Seul le roi n'applaudissait pas.

Chapitre 3

– C’est la reine que tu choisis ? demanda le roi. Très bien, nous fêterons vos noces dès demain !
En entendant ces mots, le prince pâlit :
– Vous n’allez pas me marier avec une grenouille ?

– Mais si, dit le roi,
c'est toi qui l'as voulu.
Maintenant, tu te débrouilles

Le prince fut atterré.
– Je ne vais quand même pas vivre
avec cet animal gluant !
– Il fallait réfléchir avant, dit le roi.

Alors la fée Célimène, d'un air mystérieux, murmura :

– Une grenouille cache parfois une princesse de toute beauté. Mais pour le savoir…

Le prince Gabriel la regarda, plein d'espoir.

– … il faut l'embrasser.

Gabriel n'était pas ravi. Mais il ne voyait pas d'autre solution.

Il s'approcha de la grenouille. L'animal le regarda d'un air un peu inquiet. Alors le prince se pencha et lui donna un baiser.

Aussitôt, la grenouille fut transformée…

… en une superbe princesse.

Une princesse aux cheveux longs jusqu'aux pieds. Avec des yeux bleus comme l'océan. Et un sourire plus tendre que le soleil. Le prince Gabriel renonça sur-le-champ à rester célibataire.

Le soir même, il épousa sa princesse, au cours d'une grande fête où l'on servit des centaines de galettes.
Ils vécurent heureux très longtemps et eurent beaucoup de grenouilles.

Puis plein d'enfants
pour s'en occuper.

300, rue Léon-Joulin, 31101 Toulouse Cedex 9 – France
www.editionsmilan.com
Loi 49.956 du 16.07.1949 sur les publications destinées à la jeunesse.
Dépôt légal : 2e trimestre 2009
ISBN : 978-2-7459-2884-9
Imprimé en France par Pollina - L50116D